I0569129

MYTHOLOGIE ROMAINE

HISTOIRES DU PANTHÉON ROMAIN

ADAM ANDINO

Copyright © 2024 by Rivercat Books LLC

All rights reserved.

No portion of this book may be reproduced in any form without written permission from the publisher or author, except as permitted by U.S. copyright law.

CONTENTS

INTRODUCTION : UNE BRÈVE HISTOIRE DE LA MYTHOLOGIE ROMAINE

Veni. Vidi. Vici. "Je suis venu. J'ai vu. J'ai vaincu."

Jules César, premier empereur de Rome et belliciste, a écrit l'une des phrases latines les plus emblématiques connues de l'humanité après avoir conquis la Gaule vers 47 avant notre ère, étendant ainsi encore plus l'empire. Sa réputation le précède, même près de deux millénaires plus tard. Aussi impressionnante que soit la carrière militaire de César, la ville de Rome et ses habitants étaient installés dans la région depuis des centaines d'années avant lui, et ce jusqu'à la chute de l'Empire romain.

L'effondrement de l'Empire romain fait l'objet de nombreux débats dans les cercles historiques. Certains affirment qu'il s'est effondré avec l'avènement de l'Empire byzantin en 476 de notre ère, d'autres qu'il s'est effondré au XVe siècle avec l'avènement de Constantinople, dans l'actuelle ville d'Istanbul, en Turquie.

Pourquoi l'Empire romain s'est-il effondré ? Les théories sont nombreuses : montée de l'islam, présence de plomb dans l'eau potable, inflation et autres problèmes économiques, voire accession au pouvoir de vandales et de barbares. La théorie de la montée du christianisme est de loin la plus populaire et la plus répandue. Auparavant, la principale religion de Rome était polythéiste, c'est-à-dire qu'elle consistait à vénérer de nombreux dieux. C'était l'élément vital du système de croyances et de la culture romaine. Cette culture remontait à des milliers d'années, jusqu'à l'époque où les Étrusques étaient au pouvoir.

Influences grecques et latines

Les premiers Romains ne s'appelaient pas Romains, mais faisaient partie d'un petit groupe de villages installés dans la région connue sous le nom de Latium. Ce peuple, connu sous le nom de Latins, était extrêmement superstitieux et croyait en de nombreux dieux, déesses et esprits. À l'époque, leur principale préoccupation était que les divinités veillent sur la ferme et le foyer. Au fil du temps, le centre s'est transformé en ville et a fini par entrer en contact avec les Grecs. L'influence grecque sur les Latins était immense. Les Latins et les Grecs étaient tous deux polythéistes et avaient de nombreuses divinités qui régissaient le même élément ou le même pouvoir. Les Latins s'en sont rendu compte et, pour différencier les deux religions, ils ont conservé leurs noms latins. Par exemple, le dieu grec Zeus est aujourd'hui connu sous le nom de Jupiter dans la mythologie romaine.

Bien que la mythologie grecque et la mythologie romaine puissent sembler identiques à l'œil non averti, les Romains ont des mythes et des légendes qui leur sont propres. Par exemple, la saga de la fondation de Rome est longue et complexe : D'Énée fuyant la guerre de Troie à Romulus et Rémus, Rome a trouvé le moyen de se démarquer de ses prédécesseurs grecs. Certaines divinités trouvent leur origine chez les Étrusques, l'un des premiers dieux étant Janus. Janus n'a pas d'équivalent grec, car cette divinité particulière est antérieure à l'intervention des Grecs.

Religion tolérante

De nombreuses religions polythéistes, passées ou présentes, étaient étonnamment très tolérantes à l'égard des autres religions. À l'exception du christianisme et de la persécution des Juifs au tournant du millénaire, les Romains, en ce qui concerne la religion, ont commis peu d'atrocités au nom d'un groupe d'adeptes. Par exemple, les sacrifices humains sont rares. Tout en étendant leur empire, les Romains s'inspiraient des divinités locales de la région. Isis, la déesse égyptienne de la terre, en est un exemple. Au lieu de renoncer complètement à la religion, ils ont construit des temples en son nom et l'ont intégrée à leur royaume de divinités.

L'impact des dieux sur la vie quotidienne

La religion avait un impact considérable sur la vie quotidienne des Romains, même si elle n'était pas directement intégrée dans les lois visant à maintenir l'ordre. Comme la religion était tellement ancrée dans la société des Latins, elle était naturellement une force motrice dans la société romaine également. Il n'y avait pas de code formel sur la manière de se conduire, contrairement à d'autres textes religieux tels que la Bible. Les rituels et les croyances relatifs à l'importance de la ferme et du foyer étaient bien établis avant les futures complexités de Rome.

Vénérer les divinités

Si les Romains n'avaient pas de code de conduite officiel, ils vénéraient leurs divinités en fonction de ce dont ils avaient besoin dans leur vie. Un couple souhaitant avoir un enfant priait Junon, la déesse de la fertilité ; un agriculteur priait Cérès, la déesse de l'agriculture, pour obtenir une année de récoltes abondantes. Chaque dieu ou déesse avait sa raison d'être. Des temples ont été construits au nom de chacun des dieux. Aucune dépense n'était épargnée lors de la création des temples, en particulier ceux des 12 divinités principales du panthéon. Ils étaient complétés par des prêtres qui servaient le temple du dieu, comme Jupiter ou Minerve. Les prêtres interprétaient les signes et les présages qu'ils croyaient envoyés par les dieux et aidaient ceux qui avaient besoin de conseils.

Renforçant encore leur lien avec les dieux, les Romains organisaient de nombreuses célébrations et rituels tout au long de l'année. L'une des traditions les plus populaires, célébrée encore aujourd'hui, s'appelait *les Saturnales* et tombait le 17 décembre pour célébrer le solstice d'hiver. Avec l'arrivée de nouveaux gouvernements, comme la République, l'Empire augustéen et le règne de Caligula, cette célébration d'un jour s'est transformée en une fête de la joie et de l'agitation. Il s'agissait également de rendre hommage au dieu de l'agriculture, Saturne. Les sacrifices de porcs au temple de Saturne donnaient le coup d'envoi des festivités la nuit précédant la fête, puis étaient servis le lendemain lors du festin. De grandes quantités de vin étaient consommées, les lois sur les jeux d'argent étaient assouplies et les esclaves étaient libérés de leurs tâches pour la fête. Les arbres aux feuilles encore vertes décoraient la ville, avec des lanternes et des bougies allumées la nuit. Comme le veut la tradition, des petits cadeaux ont été offerts et reçus par les amis, la famille et les connaissances.

Les Saturnales n'étaient que l'une des nombreuses fêtes de la Rome antique, mais elles rappelaient le pouvoir des dieux. La présence des dieux était constamment ressentie dans la vie quotidienne, qu'il s'agisse de prières, d'offrandes au temple ou de moments de réjouissance lors de nombreuses célébrations et fêtes. La plupart des dieux étaient célébrés, et certains étaient même craints pour éviter toute mauvaise morale. Cependant, les principaux dieux du panthéon régnaient en maîtres.

CHAPITRE 1 : LES 12 PRINCIPAUX DIEUX ET DÉESSES

Les principaux dieux et déesses du panthéon romain régnaient sur le monde et exerçaient leur autorité sur la vie des Romains. Ces dieux et déesses régnaient en maîtres et étaient les plus vénérés parmi les divinités. Ils sont également les plus connus à travers l'histoire.

Apollon : Dieu du soleil

Apollon, bien que connu comme le dieu du soleil, était également désigné comme le dieu de la musique, de la guérison, de l'agriculture et de la prophétie. De nombreuses histoires tournent autour de sa férocité et de sa douceur. En tant que l'un des (nombreux) fils de Jupiter et d'une mère d'origine mortelle, avec sa sœur jumelle, Diane, les complexités de sa personnalité n'étaient pas surprenantes. On dit que certains des autres dieux craignaient ses accès de colère. Le nom d'Apollon est le même dans les mythologies grecque et romaine, ce qui en fait le seul dieu principal à avoir cette distinction.

Cérès : Déesse de l'agriculture

Cérès était la déesse de l'agriculture, de la fertilité et des récoltes, et la matriarche de la famille. Dans sa générosité, elle accordait le don de l'agriculture aux paysans, qui apprenaient alors à nourrir leur famille et, par conséquent, à faire grandir la communauté. L'humeur de Cérès changeait en automne et en hiver lorsque sa fille, Proserpina, engendrée par Jupiter, vivait dans le monde souterrain avec Pluton, ce qui entraînait le flétrissement et la mort des récoltes. Au printemps et en été, elle se réjouit du retour de sa fille et de l'arrivée de nouvelles pousses. Les liens familiaux sont importants pour Cérès. Étant l'une des sœurs de Jupiter, la famille est ancrée en elle.

Diane : Déesse de la chasse

Contrairement à Apollon, sa jumelle Diane est une déesse réservée et discrète. Elle est la déesse de la chasse, de la lune, de la nature et de la fertilité, mais surtout de l'accouchement. Elle protégeait les femmes pendant l'accouchement et offrait une chasse abondante aux chasseurs la nuit. Sa possession la plus remarquable est son char qui traînait la lune et les ténèbres à travers le ciel. L'humeur de Diane influençait la taille de la lune : Plus la lune est petite, plus elle se sent paresseuse et de mauvaise humeur.

Junon : Reine des dieux et déesse de la fertilité

Junon, dont le nom est à jamais gravé dans le calendrier sous la forme de juin, était la reine des dieux. Elle était mariée à son frère, Jupiter, et est la mère de Vulcain, Mars, Juventas et Bellona. Elle était également connue comme la déesse patronne de Rome. En tant que membre de la triade capitoline, les trois dieux les plus importants de la religion, elle régnait sur la fertilité, le mariage et les femmes en général. Elle était la protectrice des femmes mariées et de Rome ; cependant, elle était une déesse notoirement jalouse et vindicative en raison des nombreuses liaisons de Jupiter et de ses enfants illégitimes.

Jupiter : Roi des dieux et dieu du ciel

En tant que roi de toutes les divinités, Jupiter régnait sur le ciel, les éclairs et le tonnerre, un foudre à la main. Non seulement il était le dieu du ciel, mais il supervisait également les Romains et protégeait l'État et toutes les lois qui étaient mises en œuvre par l'État. Il était le plus jeune d'une fratrie de six enfants et a mené la révolution pour libérer les dieux de la tyrannie de son père, Saturne. Lui et ses deux frères se sont partagé les royaumes : Jupiter régnait sur le ciel et se nommait lui-même roi, Neptune régnait sur la mer et Pluton régnait sur les Enfers. Jupiter avait également trois sœurs : Junon, qu'il épousera plus tard, Cérès et Vesta. Bien qu'aimé des Romains, son affinité avec les femmes mortelles et d'autres déesses a souvent provoqué la rage et la jalousie de Junon à son égard et à l'égard des enfants qu'il a engendrés. Les plus connus de ses enfants sont Hercule, Minerve, Proserpine, Bacchus, Apollon, Diane, Vulcain dans certains mythes, Juventas, Bellone, Mars et Hélène de Troie. Jupiter, ainsi que Junon et Minerve, font également partie de la triade capitoline.

Mars : God of War

Mars est le dieu de la guerre, de l'agriculture et de la puissance militaire comme moyen de paix. Sa soif de sang a permis de protéger les frontières des États et des villes et d'étouffer toute escarmouche au fur et à mesure de l'expansion de l'Empire romain. Junon et Jupiter étaient ses parents, et c'est pourquoi sa personnalité complexe s'est révélée. Mars a engendré Romulus et Remus, les fondateurs de la ville de Rome, ainsi que Vénus et deux autres enfants.

Mercure : Messager des dieux et dieu de la finance

En tant que messager des dieux, Mercure avait de nombreux rôles à remplir. Connu pour sa loyauté, sa fiabilité et ses sandales ailées, il était le plus rapide et le plus rusé des principaux dieux. Il était le dieu de la finance, de la ruse, du vol, du commerce, de la communication et du voyage. Il est le protecteur de tout ce qui touche à la finance : commerçants, marchands et voleurs. Le messager des dieux escortait les âmes des morts jusqu'au Styx, où elles étaient transportées jusqu'au monde souterrain.

Minerve : Déesse de la sagesse

Minerve, déesse de la sagesse, de l'artisanat, du commerce et de la stratégie, est l'un des dieux les plus puissants. On croyait que Minerve était la préférée des enfants de Jupiter, qui lui avait donné la dernière place dans la triade capitoline. Elle était l'une des plus vénérées par les dieux et les mortels.

Neptune : Dieu de la mer

Version romaine d'*Aquaman*, Neptune était le dieu de l'eau douce et de l'eau salée. Sa colère était redoutée, car elle provoquait de fortes tempêtes accompagnées d'eaux agitées. Célèbre cavalier, il protégeait les chevaux et supervisait les courses de chevaux et de chars avec Minerve. Ses cinq frères sont Jupiter et Pluton et ses sœurs Junon, Cérès et Vesta.

Vénus : Déesse de l'amour

Vénus est la déesse de l'amour par excellence. Ses autres épithètes sont la fertilité, le sexe, la beauté et le plaisir. Elle était l'enfant de Jupiter et mariée à Vulcain, le dieu de la forge. Sa célèbre histoire d'amour avec Mars était convoitée par de nombreux Romains en raison de la passion et de l'amour qu'ils éprouvaient l'un pour l'autre. Elle a eu quatre enfants avec Mars, dont Romulus et Remus, mais leur lignée est précédée par celle de son fils Énée.

Vesta : Déesse du foyer

Rarement représentée sous sa forme de déesse, elle est la déesse symboliquement illustrée par une flamme. Elle était la déesse du foyer et de la maison. Elle protégeait le peuple romain et était la dernière sœur de Jupiter. Un culte entier portait son nom, celui des vierges vestales. Elles consacraient 30 ans de leur vie au service de son temple sacré et à l'entretien de la flamme éternelle offerte à un empereur romain. Cette flamme devait protéger Rome de tout danger, et si elle s'éteignait, on pensait que Rome tomberait. Le temple de Vesta était exclusif ; seules les prêtresses étaient autorisées à prier et à entretenir la flamme.

Vulcain : Dieu de la forge

L'autre dieu principal est Vulcain, le dieu de la forge, qui s'occupe à la fois de l'artisanat et de la forge, de l'armement, des volcans et du feu. L'un des fils de Jupiter et de Junon, il maniait souvent le marteau pour fabriquer les meilleures armes et guider les forgerons à la forge. Vulcain était également l'époux de Vénus.

CHAPITRE 2 : PERSONNAGES ET CRÉATURES

Les Romains vénéraient non seulement douze dieux principaux, mais aussi une pléthore de dieux et de déesses supplémentaires. Si nombre d'entre eux se chevauchaient dans leur utilité, les divinités supervisaient tous les aspects de la vie des Romains. Avant l'introduction du christianisme et donc de l'Église catholique, les Romains croyaient en des dieux mineurs, des demi-dieux et des créatures hideuses qu'ils utilisaient pour enseigner la morale et les vertus, mais aussi pour effrayer les enfants afin qu'ils se comportent bien.

Voici quelques exemples de dieux mineurs, de demi-dieux, de héros et de créatures du panthéon romain.

Dieux mineurs

De nombreux dieux mineurs exerçaient une petite autorité sur la vie des Romains. Certains d'entre eux ont été empruntés aux Grecs, mais il existe quelques dieux mineurs strictement romains. Ces divinités se spécialisaient dans un petit ensemble de compétences, tandis que les dieux principaux supervisaient les Romains dans leur ensemble. En voici quelques exemples.

Janus : Dieu des portes et des transitions

Janus, le dieu aux deux visages, avait le pouvoir de voir l'avenir et le passé. Il était représenté dans une arche située à l'extérieur du Circo Massimo. En tant que dieu aux deux visages, il représentait les portes, les transitions, les portails, le temps, la dualité, les débuts et les fins, et les passages. Il a été l'un des premiers dieux vénérés avant l'influence grecque et est resté l'un des rares dieux à être strictement romain. Le mois de janvier est nommé en son honneur, car il marque la fin d'une année et le début d'une nouvelle. Les portes de son temple représentaient les périodes de guerre et de paix. Si les portes étaient ouvertes, la paix régnait sur Rome. Si la porte était fermée, Rome entrait dans un monde de guerre.

Nox : Déesse de la nuit

Nox est née du Chaos, son parent, et était l'un des êtres les plus anciens. Elle était la déesse originelle de la nuit et a épousé le dieu des ténèbres, Erebus. Elle était généralement représentée sous la forme d'une déesse dans un char enveloppé d'un brouillard sombre ou noir. Nox était l'unique responsable de la conjuration des Parques, du Sommeil, de la Douleur, de la Lutte et de la Mort, ainsi que d'un certain nombre d'autres esprits sombres.

Proserpina : Déesse de la fertilité

Proserpine, fille de Cérès et de Jupiter, et épouse du roi des Enfers, Pluton, était la déesse du vin, de l'agriculture et de la fertilité. Bien qu'elle soit surtout connue pour avoir été enlevée par Pluton, elle était une déesse qui veillait sur les Romains à l'époque des récoltes et des cultures. Nous reviendrons sur Proserpina au chapitre 7 : La raison des changements de saison.

Pluton : Dieu des Enfers

Pluton est le frère de Jupiter et de Neptune, qui a été choisi pour être le roi des Enfers. Sa reine, Proserpina, régnait avec lui pendant la moitié de l'année. C'est le dieu de la mort et de la richesse, avec une affinité pour les diamants, le minerai le plus riche connu des dieux et des humains. D'une certaine manière, il était aussi le dieu de l'agriculture, puisqu'il régnait sur les terres enfouies sous la terre, veillant sur les semences au fur et à mesure de leur croissance. Contrairement à la représentation grecque du dieu Hadès, les Romains le célébraient comme un mari merveilleux pour Proserpina et comme un dirigeant ferme.

Saturne : Dieu du temps

Saturne était le père de six enfants, Jupiter, Pluton, Cérès, Junon, Neptune et Vestas : Jupiter, Pluton, Cérès, Junon, Neptune et Vestas, et fut renversé par eux lors d'une révolte menée par Jupiter. Bien qu'il soit principalement le dieu du temps, il est responsable de la richesse, de la génération, de l'agriculture et de la libération périodique. Les Saturnales, fête célébrée en son nom, duraient de un à cinq jours et se déroulaient le 17 décembre. À l'époque où Saturne régnait, on pensait que les Romains jouissaient d'un mode de vie généreux, avec peu ou pas de travail.

Demi-dieux et héros

Les demi-dieux et les héros font l'objet d'une catégorie distincte. Chaque demi-dieu ou héros mentionné avait des racines profondes dans la mythologie romaine et dans la fondation de Rome elle-même. Ils étaient connus pour combattre des créatures lors de procès et même pour organiser des fêtes. Les demi-dieux et les héros rappelaient aux Romains qu'ils devaient faire preuve de résilience dans les épreuves et les tribulations, surtout lorsqu'il s'agissait de leur destin. Vous trouverez ci-dessous de plus amples informations sur certains des demi-dieux et héros les plus célèbres : Énée, Bacchus, Hercule, Rémus et Romulus.

Énée

L'histoire d'Énée sera abordée plus en détail dans le chapitre suivant, mais il est surtout connu pour être le père et le fondateur de la région du Latium, fondée alors qu'il fuyait les Grecs à Troie. En tant que fils, Vénus l'a souvent aidé et recruté pour ses quêtes. Il a voyagé pendant six longues années pour découvrir une nouvelle civilisation pour son peuple, les Énéades. Sa lignée est à l'origine de la fondation de Rome : Romulus et Remus.

Romulus et Remus

Remus, ainsi que son frère jumeau Romulus, font partie de la longue lignée des fondateurs de Rome. Le nom de Rémus et de Romulus est associé à de nombreux mythes, notamment celui de leur lignée. Leur mère, Rhéa, était considérée comme une descendante d'Énée et leur père était Mars, le dieu de la guerre. Au cours de leur règne, Remus a été tué lors d'une dispute avec son frère au sujet de l'emplacement de la nouvelle ville. Romulus continua à régner sur la ville baptisée Rome en son honneur, et il resta roi des Romains jusqu'à sa mort.

Bacchus

Bacchus était le dieu romain du vin, mais il s'occupait aussi d'agriculture et de fertilité. On dit qu'il a appris aux Romains à faire du vin par la fermentation du raisin. Bien qu'il soit considéré comme un dieu, son père était Jupiter et sa mère une mortelle. Jupiter était connu pour ses liaisons avec des femmes mortelles et des dieux. Dans le cas de Bacchus, cependant, il fut le premier à régner avec son père dans le ciel. Il avait la réputation de porter une coupe de vin partout où il allait et d'être le visage de l'ivresse publique.

Hercule

Grâce au film de Disney, *Hercule*, ce demi-dieu est célèbre pour ses travaux et ses nombreuses rencontres avec Pluton. Avec Jupiter pour père et une mère mortelle, les principaux attributs d'Hercule étaient sa force physique inhumaine, son courage incommensurable et sa débrouillardise. Grâce à ses douze travaux, il a pu rendre le monde plus sûr pour les mortels. À sa mort, il choisit de s'élever pour régner avec son père en tant que dieu des héros.

Créatures et monstres

Les créatures et les monstres de la mythologie romaine sont l'une des nombreuses sources d'inspiration pour la représentation des créatures dans les films, les émissions de télévision et les livres d'aujourd'hui. De nombreux artistes se sont inspirés de ces créatures et de ces monstres pour raconter leurs propres histoires de héros et d'aventures.

Cacus

Cacus, fils de Vulcain, vivait dans une grotte sur le futur site de Rome, près du Palatin. Géant crachant du feu et se nourrissant de chair humaine, il terrorisait les villages environnants. Pour remuer le couteau dans la plaie de la chair humaine, il clouait les têtes de ses victimes sur la porte d'entrée de sa grotte. Cacus fut ensuite éliminé par Hercule.

Cyclopes

Dans la mythologie romaine, le cyclope était un géant doté d'un œil singulier et globuleux situé directement au milieu de son front. Bien qu'il existe plusieurs mythes autour du cyclope, le mythe romain décrit comment le frère du cyclope, Saturne, les a jetés dans le monde souterrain. Lorsque Jupiter voulut renverser son père, il les libéra de leur prison infernale. En guise de remerciement, les cyclopes façonnèrent à Jupiter son célèbre éclair et lui donnèrent également le don du tonnerre. Avec Vulcain, ils forgèrent les armes des dieux.

Faune

Plus connus sous le nom de satyres, les faunes étaient des créatures des bois qui accompagnaient généralement Bacchus, le dieu du vin. Normalement représentés avec une flûte, ils trottinaient dans les bois sans se soucier du monde. Ces créatures étaient des chimères, c'est-à-dire des créatures possédant les qualités de plus d'un animal. Dans le cas des faunes, ils sont mi-humains, mi-chèvres. Les parties humaines des faunes étaient leurs torses, leurs membres supérieurs et leurs jeunes visages. Des cheveux doux et bouclés recouvraient leur tête et ils avaient des oreilles pointues. Les parties caprines comprenaient des jambes de chèvre munies de sabots, une queue et des cornes sur la tête.

Hydra

Hercule a également tué cette créature au cours de ses douze travaux. L'hydre, surtout connue pour ses nombreuses têtes et sa capacité à les faire repousser, était élancée avec un corps massif de serpent. Elle gardait l'entrée des Enfers et son repaire se trouvait dans le lac de Lerne. Tout dans l'hydre était porteur de poison. De son odeur à son souffle, en passant par son sang, l'hydre tuait quiconque tombait sur son repaire.

CHAPITRE 3 : AVANT LA FONDATION DE ROME

Equō nē crēdite, Teucrī ! Quidquid id est, timeō Danaōs et dōna ferentēs. "Ne vous fiez pas au cheval, Troyens ! Quoi qu'il en soit, méfiez-vous des Grecs porteurs de cadeaux." Cette célèbre citation de Virgile, tirée du poème épique *L'Énéide*, englobe le récit d'Énée fuyant Troie. Alors que les mythes et les légendes ont été transmis de génération en génération par les Grecs et les Romains, les mythes présentés dans ce chapitre concernent strictement la fondation de Rome.

Le mythe de Janus

Au début, des centaines d'années avant Énée, Romulus et Rémus, un souverain nommé Janus régnait sur le pays du Latium. Janus était un souverain sage qui a mené le pays vers la paix et la prospérité pendant de nombreuses années. Ses lois étaient justes et équitables. Il vivait sur la colline du Janicule, l'une des sept collines qui allaient devenir Rome.

Janus : l'homme devenu dieu

Saturne, dieu de l'agriculture et du temps, vient d'être renversé par ses enfants, menés par Jupiter. Découragé, il rencontra Janus sur la colline à l'extérieur de sa maison. Janus fut choqué par l'état de Saturne et, alors qu'il contemplait le dieu solitaire, un élan de sympathie le frappa.

Saturne raconta la mutinerie de ses enfants. Il a le cœur brisé. Non seulement il avait perdu son royaume, mais il pleurait la perte du respect que ses enfants lui avaient autrefois témoigné. Le récit du dieu émut Janus ; sa voix se fendit et se serra au fur et à mesure qu'il parlait.

Janus voulut réconforter Saturne en deuil, mais le dieu était inconsolable. Il ne pouvait rien dire, mais il réalisa bientôt qu'il pouvait offrir quelque chose : partager la direction du royaume avec lui. Même si Janus savait que cela ne lui rendrait pas le respect de ses enfants et la perte d'un royaume entier, c'était le moins qu'il puisse faire.

Saturne écouta la proposition, l'étudia et l'accepta. En guise de remerciement, il offrit une récompense de son cru : Janus deviendrait un dieu. Janus accepta le cadeau. Désormais immortel, sa spécialité était de voir à la fois le passé et l'avenir. Saturne inaugura alors une ère d'or avec de nombreuses années de paix et de prospérité.

Conclusion

Le mythe de Janus représentait un dieu dont les racines étaient directement liées à la terre, ce qui a conduit directement aux futurs mythes et légendes de la fondation de Rome. Le dieu Saturne a récompensé la générosité de Janus en le transformant en divinité et en consolidant le lien de la région avec les dieux. En cimentant leurs dieux dans les fondations de Rome, les Romains ont établi un lien fort avec la terre elle-même.

Cassandra : la voyante que personne ne croyait

Le mythe de Cassandre et d'Apollon se déroule en Grèce et aborde les thèmes de l'amour et de la trahison. Il s'agit d'un récit classique et captivant d'un amour non réciproque, qui se termine par la prémonition de la chute de Troie et, par conséquent, de la fondation de Rome. Plusieurs versions du mythe existent aujourd'hui dans le monde.

Cassandre et Apollon : Un rejet et une malédiction

Cassandre était la fille du roi Priam de Troie, d'une beauté saisissante. Elle avait trois frères : Hélène, sa jumelle, Hector, le héros de Troie, et Pâris, qui déclencha la guerre de Troie en épousant Hélène (plus tard connue sous le nom d'Hélène de Troie) à Sparte. Sa famille, cause directe de la guerre, était tristement célèbre.

Elle était assise seule à l'extérieur de Troie lorsqu'Apollon s'arrêta pour l'admirer. Il tomba instantanément amoureux d'elle en raison de sa beauté, comme son père Jupiter l'avait fait à maintes reprises avec de nombreuses femmes, qu'elles soient déesses ou mortelles. Il l'a séduite en lui promettant le don de prévoyance et de prophétie. En échange, il voulait des faveurs et la loyauté de la jeune femme à son égard.

Bien que la raison de son rejet du dieu soit incertaine, le rejet était clair : elle ne voulait pas de lui. Certaines versions de ce mythe suggèrent que Cassandre a utilisé Apollon pour obtenir le pouvoir de prophétie, qu'elle a vu l'avenir et l'implication d'Apollon dans la chute de Troie et qu'elle l'a rejeté pour cette raison. D'autres mythes rapportent que les avances répétées d'Apollon et la férocité qui les accompagnait étaient trop fortes pour elle.

Ce refus met Apollon en colère : après tout, c'est lui qui lui a donné le pouvoir de prévoir. Comme ce don avait été offert gratuitement, il ne pouvait pas être annulé. Au lieu de cela, il la maudit. Dès lors, quelle que soit la précision de la prophétie, personne ne la croira.

Cassandra, la lunatique

Par la suite, la vie de Cassandre fut marquée par le désespoir. Elle avertit souvent ses frères des prophéties annonçant leur disparition et la chute de Troie, et les supplie même de ne pas partir, mais ils refusent de la reconnaître. Paris ramena Hélène de Sparte contre son avis. Elle avertit également Hector de sa mort imminente. Malgré leur méfiance à son égard, ses prophéties se sont réalisées.

Considérée comme une aliénée et une folle qui profère des insanités, son père la cache dans une citadelle. Elle lui faisait honte et ne pouvait donc jamais sortir de la citadelle. Elle était gardée jour et nuit, et son père ne l'autorisait jamais à sortir.

Les années passent, la guerre de Troie fait rage et chacune de ses prophéties est ignorée. L'infâme cheval de Troie, cadeau supposé des Grecs, est l'un de ses plus grands échecs à assurer la sécurité de son peuple. Sa célèbre phrase sur les Grecs dans leur cheval est immortalisée dans le poème épique de Virgile, *L'Énéide* : "Méfiez-vous des Grecs qui apportent des cadeaux !". Dans une vaine tentative d'arrêter les Grecs, elle saisit une torche et se dirige vers le cheval, prête à le voir s'enflammer. Plusieurs gardes la rattrapent et lui enlèvent la torche des mains, la réprimandant pour avoir brûlé le cadeau. Bientôt, elle verrait la ville qu'elle aimait tant être ravagée. La chute de Troie est imminente.

Les conséquences de Troie

Après la chute de Troie, Cassandre se réfugie au temple de Minerve où un soldat grec, Ajax, la trouve et l'enlève. Grâce à l'intervention divine de Minerve et de Neptune, Ajax se noie dans les profondeurs de la mer. Cependant, ses ennuis sont loin d'être terminés.

Elle est alors forcée de devenir la concubine du roi de Mycènes, le roi Agamemnon, qui a déjà une femme chez lui. Elle prophétise sa mort et la sienne dès son arrivée à Mycènes. Agamemnon refuse de croire à sa prophétie. Alors qu'il était parti à la guerre, sa femme et son amant avaient comploté pour le tuer. Furieux que le roi ait pris une concubine sous son aile, ils continuèrent à comploter jusqu'à leur arrivée. Le souhait de la reine fut exaucé et la dernière prophétie de Cassandre se r éalisa.

Conclusion

Le mythe de Cassandre et d'Apollon a ouvert la voie aux nombreux mythes entourant les origines de Rome. Comme personne ne croyait à ses prophéties, l'implication directe et indirecte de Cassandre et d'Apollon dans les événements entourant la guerre de Troie a conduit Énée à fuir Troie, où il a alors découvert un nouvel endroit où grandir et prospérer.

CHAPITRE 4 : ÉNÉE ET LA FONDATION DU LATIUM

Le mythe d'Énée commence véritablement avec sa conception. Issu de l'accouplement de Vénus, la déesse de l'amour, et d'Anchise, un prince de Troie, il naît avec un destin difficile : Conduire son peuple vers une nouvelle terre. Bien qu'il ne connaisse son destin que des décennies plus tard, il est considéré comme l'un des premiers fondateurs de Rome. Son enfance et le début de sa vie d'adulte sont un mystère, car l'histoire d'Énée, telle qu'elle est racontée par Virgile, ne commence qu'après la chute de Troie.

La chute de Troie

Après que le cheval de Troie a été amené à l'intérieur des murs de la ville, Troie est tombée pendant la nuit. Énée, accompagné d'Hector, tient bon face aux Grecs qui se déversent dans la ville. Hector et lui les ont retenus aussi longtemps qu'ils l'ont pu avant de se rendre compte que leurs efforts étaient vains. Hector lui fait part d'une vision dans laquelle son destin n'est pas de mourir en combattant les Grecs, mais de fonder une autre ville en dehors de la Grèce.

Après avoir écouté la vision d'Hector, Énée tente de retrouver sa femme, mais elle a disparu dans le chaos brûlant de Troie. Il s'empare de son fils Ascagne, de son père et d'autres soldats et survivants qui tentent de fuir. Énée emporta également avec lui quelques-uns des dieux de Troie, de petites statues qui seraient plus tard restaurées dans la nouvelle ville. Il a ensuite conduit ce qui restait de sa famille et le groupe de survivants loin de la destruction pendant que les Grecs saccageaient la ville. Le groupe de survivants, appelé les Énéades, s'est mis à l'abri sur les navires qui étaient amarrés au port.

Après s'être échappés, les Énéades ont navigué le long de la Méditerranée. Le fantôme de sa femme lui est apparu, lui annonçant son destin, et lui a donné une direction et une destination : Se diriger vers l'ouest et chercher ce que l'on appelle aujourd'hui le Tibre. C'est avec cette nouvelle destination en tête qu'ils entamèrent leur long voyage vers la nouvelle terre.

Les chroniques de la Grèce

Ils se rendent d'abord en Thrace, en Grèce, où il enterre Polydore, fils du roi Priam. Le sol suintait le sang de la guerre de Troie. Dans son dernier souffle, Polydore informa Énée que la Thrace n'était pas un endroit pour lui et son équipage. Après l'avoir enterré, les Énéens poursuivirent leur quête.

La prochaine étape est Délos, toujours en Grèce. Apollon rencontre Énée et lui conseille de continuer. Délos n'est pas le lieu où reposent ses ancêtres. Il s'embarqua donc avec les Énéades.

Ils continuent à visiter divers endroits de la Grèce, tous moins prometteurs les uns que les autres. D'abord, la Crète, où Énée a eu la vision que ses ancêtres n'étaient pas présents. Ensuite, les îles Strophades, où ils sont attaqués par des harpies. Les Énéens battent les harpies, et la dernière d'entre elles lui annonce que leur destination finale est l'Italie.

À Actium, ils poursuivent la tradition des Jeux de Troie, qui auraient été créés par un ancêtre de Jules César pour montrer l'habileté de ses soldats et leurs talents d'équitation. Les jeux ont été une distraction et une pause bienvenue pour les Énéades. Après cette pause, ils ont navigué jusqu'à Buthrotum et ont rencontré la femme d'Hector, nommée Andromaque.

Après avoir navigué pendant plusieurs années, ils sont partis de Ceraunia, sur la côte est de l'Italie, ont traversé la mer Adriatique et sont arrivés en Sicile. En Sicile, ils aperçoivent l'Etna pour la première fois alors qu'ils séjournent dans le port du cyclope. C'est là qu'ils rencontrèrent les Achéménides, qui aveuglèrent le cyclope et l'accueillirent dans leur équipage. Le père d'Énée mourut, ce qui les poussa à quitter la Sicile dans la douleur. Bien qu'il existe une route plus courte, elle est jonchée de navires grecs ennemis. Ne voulant pas affronter une bataille qu'ils ne pourraient pas gagner, ils se dirigèrent plus au sud.

L'interférence de Junon : Un naufrage et une histoire d'amour

Junon, favorable aux Grecs, ne voit pas d'un bon œil Énée fuir Troie pour fonder une nouvelle cité. Furieuse, elle demanda à Aelous, le dieu du vent, de créer une tempête pour les empêcher d'atteindre leur destination finale. La tempête fait rage. Les eaux traîtresses et les vagues de plus en plus fortes faillirent mettre fin au destin d'Énée. Neptune, réalisant que la tempête n'était pas de son fait et connaissant le destin des Énéens, calma suffisamment la tempête pour leur permettre de passer en toute sécurité à l'endroit suivant : Carthage.

Les Enéades, épuisées et naufragées, se sont réfugiées sur la côte africaine à Carthage, l'actuelle Tunisie. Jusqu'à présent, leur périple avait culminé en six ans de voyage, désespérant de trouver leur nouvelle maison. L'équipage battu s'est vu accorder un refuge pendant qu'il récupérait.

Fatigués par leur voyage périlleux, de nombreux membres de l'équipage souhaitent rester. Avec l'aide de Junon et de sa mère Vénus, Énée tombe amoureux de la reine carthaginoise Didon. Il raconta le long et épuisant récit de leurs voyages depuis Troie et de leurs nombreuses escales en Grèce. Elle leur prêta une oreille attentive et leur permit de rester jusqu'à ce qu'ils se rétablissent.

Didon est une étonnante reine veuve. Son frère avait déjà assassiné son mari, Sychaeus, la laissant seule à gouverner. Alors qu'elle construisait les nouvelles lois de sa ville, elle tomba amoureuse d'Énée.

Énée et Didon étaient follement amoureux. Après avoir eu des relations dans une grotte pendant une tempête de pluie, elle a demandé Énée en mariage, indiquant que leur acte d'amour faisait de lui un roi. Énée, fatigué et cherchant un endroit où s'installer, a d'abord accepté la proposition. Il vit avec elle pendant un an avant de la quitter brusquement.

Le coup de pouce de Jupiter

Jupiter veille sur Énée pendant son séjour à Carthage. À son grand désarroi, Énée se laisse distraire par la belle reine et la vie qu'elle lui promet. Cependant, Carthage n'était pas le destin d'Énée. Inquiet, il charge Mercure de rappeler à l'ancien Troyen son devoir de fonder une nouvelle civilisation. Mercure s'exécuta et rencontra Énée, lui conseillant de poursuivre son voyage.

Peu enclin à partir, il prépare ses compagnons d'équipage à prendre la mer. Dans sa hâte, il n'informe pas sa nouvelle amoureuse de son projet de départ ; il ne supporte pas de la voir bouleversée. Il pressa le pas, quittant Carthage et Didon.

Didon ne tarde pas à s'apercevoir que lui et le reste des Énéades sont partis sans lui dire un dernier adieu. Furieuse et inconsolable, elle se jette sur un bûcher funéraire encore en flammes. Tout en se consumant, elle maudit les Troyens et leur futur foyer. La croyance populaire veut que sa malédiction soit à l'origine du conflit entre les Carthaginois et les Romains, appelé "guerres puniques".

La Sicile revisitée, Cumes et le monde souterrain

Comme une année s'est écoulée à Carthage, les Énéades décident de s'arrêter en Sicile en souvenir d'Anchise, le père d'Énée. Pour honorer son père, ils organisent une nouvelle série de jeux troyens. Alors que tout le monde semble s'amuser au début, Junon effraie les femmes en mettant le feu à leurs navires. De nombreuses tentatives sont faites pour empêcher les navires de brûler, mais la plupart d'entre eux sont gravement endommagés, irréparables, ou sombrent dans la mer. Beaucoup de femmes demandent à rester en Sicile. Pour démoraliser encore plus Énée, beaucoup d'autres décident qu'ils veulent aussi rester en Sicile. Les quelques Énéades qui restaient dérivèrent jusqu'à leur prochaine étape : Cumes.

Cumae était situé à environ 12 miles à l'ouest de l'actuelle Naples et était la maison de la prophétesse nommée Sibylle. Décrépite par la vieillesse, elle avait environ sept cents ans. Elle a prévu l'arrivée d'Énée et l'a accueilli au temple d'Apollon avant d'exaucer son vœu de revoir son père. Énée se voit confier deux tâches difficiles : aller chercher un rameau d'or pour l'offrir à Proserpine et enterrer un musicien du nom de Misène. Les Énéades enterrèrent le musicien pendant qu'il saisissait deux rameaux d'or. Énée et la Sibylle entrent alors dans le monde souterrain.

En entrant dans le monde souterrain, Sibylle et lui traversent le Styx sur le bac appelé Charon. Sibylle offre un gâteau drogué à Cerbère, le loup à trois têtes, gardien des Enfers. Sibylle lui montra les profondeurs du Tartare, l'enfer des anciens Romains, où il aperçut des hommes torturés et entendit leurs cris d'agonie.

Énée place le rameau d'or devant le trône de Pluton, ce qui lui permet d'accéder à l'Elysium, l'équivalent romain du Paradis. En Élysée, Énée voit enfin son père et tente de le serrer dans ses bras. Au lieu de cela, l'esprit de son père se dérobe à l'étreinte. Anchise, cependant, parle à Énée et lui rappelle son destin. En demandant à Énée de boire à la rivière de l'oubli appelée Léthé, Anchise lui montra la promesse de ses descendants de la nouvelle ville. Les visages de Romulus, de Jules

César, de l'empereur Auguste et de bien d'autres lui apparurent. Réjoui, il quitta le royaume des Enfers et remonta sur terre.

La guerre du Latium

Enfin, près de dix ans après le pillage de Troie, Énée et ses hommes atteignent le fleuve Tibre. Se réjouissant d'abord de l'emplacement de leur future maison, ils ne réalisent pas que leur arrivée sera la cause d'une nouvelle guerre, mais cette fois pour savoir qui épousera la fille du roi Latium.

À l'arrivée des Énéades, celles-ci et Turnus, chef rival des Rutules, s'engagent dans une guerre. Il avait été prophétisé que Lavinia, la fille du roi Latium et de sa femme, la reine Amata, épouserait un étranger d'origine pieuse. Le roi Latium se conforma à cette prophétie, mais Turnus voulut l'épouser à sa place.

Le mariage de Turnus et Lavinia est menacé par l'arrivée des Énéades ; de nombreux Italiens, dont la reine Amata, s'inquiètent. À l'origine, le mariage avec Turnus aurait réuni les peuples de Latius et de Rutili. La menace d'un autre homme - un étranger, qui plus est - était impensable. Le roi du Latium resta fidèle à la prophétie et aida les Enéades.

L'aide du roi du Latium n'est pas la seule qu'Énée reçoive. Face à la montée du conflit, Vénus supplia son époux Vulcain de fabriquer une armure pour son fils. Vulcain accéda à sa demande et Énée reçut une armure et un bouclier représentant l'avenir de son peuple.

Junon s'est également immiscée dans le cœur et l'esprit des Italiens. Elle chuchota à l'oreille de Turnus, lui promettant la gloire et la main de Lavinia s'il gagnait la guerre contre les Énéades. Il accepta et continua à se battre.

La guerre fait rage, causant la mort de nombreux amis proches d'Énée et de Turnus. Une trêve temporaire a été conclue, avec Énée et Turnus s'affrontant en combat singulier. Turnus accepte que si Énée gagne, il gagnera également le droit d'épouser Lavinia.

Énée et Turnus s'affrontent. Le combat est sale et sanglant, et tout est perdu pour Énée. Turnus se réjouit d'être sur le point de mettre fin à la prophétie et d'épouser la princesse. Énée, cependant, n'est pas si facilement vaincu. Lorsqu'il aperçoit l'épée d'un camarade tombé au combat, la colère monte en lui. Il épingla Turnus et le tua.

La prophétie accomplie

Avec la mort de Turnus, Énée est désormais libre d'épouser Lavinia. Le royaume entre dans une ère de paix et de prospérité sous le règne d'Énée. Jupiter finit par convaincre Junon de mettre fin à sa guerre contre Énée. Sachant qu'elle avait perdu, elle cessa ses incessantes actions bellicistes contre lui.

Le célèbre poème de Virgile se termine par la mort de Turnus, et l'on ne sait pas grand-chose d'autre sur la mort d'Énée. Certains récits du mythe décrivent Énée comme mourant des suites des blessures subies lors de sa dernière bataille, tandis que d'autres l'imaginent vivant une vie longue et bien remplie après son mariage avec Lavinia.

Conclusion

Ce mythe d'origine de la terre de Rome a ouvert la voie aux mythes de Romulus et Remus, considérés comme les fondateurs de la grande ville. Cette épopée, qui s'étend sur douze livres de l'*Énéide* de Virgile, met en lumière la résilience d'un homme singulier et sa ténacité à s'installer avec son peuple. Bien qu'il ait été aidé par de nombreuses divinités, il a été dépeint comme un grand soldat et un leader fort, l'exemple même de la vie d'un citoyen romain. Avec Énée et ses ancêtres, le mythe prouve que la terre elle-même est enracinée dans le panthéon des dieux romains.

CHAPITRE 5 : ROME : L'HOMONYME DE ROMULUS

De toutes les histoires romaines, le mythe de Romulus et Remus est le plus célèbre. L'histoire présente l'ancienne civilisation et la ville de Rome, nommée d'après Romulus. Cette nouvelle ville a donné naissance à un vaste empire qui a duré plus de mille ans. La ville de Rome est actuellement l'un des endroits les plus visités au monde en raison de la richesse de sa culture et de son histoire millénaire.

Fissures dans les fondations

Pour comprendre la légende des jumeaux, un voyage dans le passé s'impose. Après la mort d'Énée, son fils Ascagne fonda une ville sur l'Alba Longa. Cette ville se trouvait au sud-est de la future ville de Rome. C'est là que ses descendants s'élevèrent et s'abaissèrent au fur et à mesure que la ville grandissait.

C'est vers le huitième siècle avant notre ère que les fissures des fondations se sont élargies pour devenir des gouffres. Leur roi, Numitor, était au pouvoir lorsque son frère Amulius fomenta un coup d'État contre lui, prenant le contrôle d'Alba Longa.

Le royaume est alors en proie au chaos. Après avoir pris le pouvoir, Amulius tue le fils unique de Numitor et envoie sa fille, Rhea Silvia, devenir prêtresse de Vesta, la déesse du foyer. Il s'agit d'empêcher toute vengeance de la part de la famille à l'avenir. En tant que prêtresse, Rhea Silva devait rester vierge pendant au moins 30 ans. Le fait qu'elle ne devait pas avoir d'enfant lui donnait l'espoir de régner à l'avenir sur le royaume.

La naissance des jumeaux

Comme pour la plupart des mythes, les détails de la conception de Romulus et Rémus varient. Certaines sources affirment que Rhéa a été violée par le dieu romain Mars dans le bois sacré derrière le temple de Vesta ; d'autres prétendent qu'il s'agissait d'une rencontre consensuelle dans un bosquet sacré dédié au dieu romain. D'autres encore affirment qu'elle a été fécondée par un inconnu et que, par conséquent, les jumeaux ne sont pas issus d'une lignée pieuse. Pour rester simple, ce livre couvrira l'histoire du viol de Rhéa.

Le dieu romain de la guerre, Mars, aperçoit Rhea Silva dans le bois sacré derrière le temple. Elle s'acquittait de ses tâches sacrées, à savoir entretenir le feu éternel de Vesta, lorsque le dieu est tombé sur elle. Séduit par sa beauté et son comportement calme, il l'a violée et l'a fécondée. Elle donna ensuite naissance à ses deux fils jumeaux, Romulus et Remus.

Le roi Amulius apprend le viol et la naissance des enfants. Furieux et terrifié par les conséquences, il ordonne qu'ils soient jetés dans le Tibre. Les garçons ont été arrachés des bras de leur mère par des gardes qui suivaient les ordres directs du roi et l'ont emprisonnée pour son indiscrétion. Ils ont ensuite été confiés à un serviteur qui les a jetés dans le fleuve.

Le serviteur eut pitié des enfants et les plaça dans un panier au bord de la rivière, espérant que quelqu'un les trouverait et qu'ils seraient épargnés. En raison des pluies torrentielles et de l'inondation, les enfants ont été emportés dans le panier. Le dieu de la rivière, Tibère, les a sauvés et leur a permis de dériver vers le rivage en toute sécurité.

Lupa et Faustulus

Une louve solitaire du nom de Lupa, que l'on croyait être Mars déguisé, ramena les enfants en pleurs dans sa grotte, où ils tétèrent à sa mamelle. Elle protégea et nourrit les jumeaux jusqu'à la prochaine étape de leur saga. La célèbre statue de bronze des jumeaux tétant sa mamelle se trouve encore aujourd'hui au musée du Capitole, symbole important de la naissance de Rome. Il est également intéressant de noter que le mot latin pour *lupa* signifie "prostituée". Certaines sources, bien que le mythe d'une véritable louve soit plus convaincant, pensent que la *lupa* était une prostituée solitaire.

Faustulus, un berger local qui gardait le troupeau d'Amulius, se promenait dans la forêt lorsqu'il entendit des cris de nourrissons. Ces cris le conduisirent à une grotte dans l'antre de la louve, où il trouva les jumeaux qui pleuraient de faim. Faustulus eut pitié des enfants et les ramena à sa femme, Acca Larentia. Le berger et sa femme élevèrent les fils comme s'ils étaient les leurs, sans savoir qu'ils étaient de la même lignée et qu'ils prétendaient au trône.

Les garçons ont été élevés comme des fermiers, et ils ont aidé l'homme qu'ils supposaient être leur père à cultiver la terre et à s'occuper des animaux de la ferme. En grandissant, les garçons sont devenus des protecteurs du troupeau, luttant contre les prédateurs et les voleurs. Leur courage et leur férocité leur ont valu une réputation parmi les autres bergers. Ils étaient connus pour être les leaders de leur communauté et jouaient un rôle actif dans la politique. Bien que n'étant pas des politiciens, on les voyait souvent dans des débats passionnés entre les partisans d'Amulius et ceux de Numitor. Les partisans étaient des bergers, comme les jumeaux, mais leurs opinions politiques ont provoqué une bagarre. Le combat se termina par l'emprisonnement de Rémus à Alta Longa, leur lieu de naissance.

Après l'enlèvement de Rémus, Romulus passe à l'action. Il prit la tête d'un groupe d'autres bergers pour faire sortir Remus de prison. Il savait que le roi n'accorderait pas sa faveur à Rémus pour avoir parlé contre lui ; le voyage à Alba Longa était donc indispensable.

La mort d'Amulius, le fratricide et la naissance de Rome

À l'arrivée de Rémus à Alba Longa, il fut conduit à Numitor pour être condamné. Numitor, cependant, reconnut en Rémus son petit-fils. Lorsque Romulus vint libérer Rémus, ce dernier informa son frère de leur lignée surprise. Après avoir pris connaissance de leur héritage, Romulus et Rémus élaborèrent un plan pour se débarrasser de leur grand-oncle, Amulius. Bien que l'on ne sache pas qui a porté le coup de grâce, ils l'ont renversé et tué.

Après la mort d'Amulius, Romulus et Remus restituèrent le royaume au roi légitime, leur grand-père Numitor. Numitor, reconnaissant de la restauration du royaume, leur proposa de régner conjointement sur Alba Longa. Ils refusèrent l'offre. Ils partirent vers l'endroit où ils furent sauvés par la louve, la créature qui leur avait donné une nouvelle vie, pour fonder une nouvelle cité.

Romulus et Remus ne parviennent cependant pas à se mettre d'accord sur l'emplacement de la nouvelle ville. Implorant l'aide des dieux, ils attendirent d'un signe une préférence sur l'emplacement. Romulus choisit le mont Palatin, près de la grotte de la louve, tandis que Remus choisit le mont Aventin.

Les dieux envoyèrent deux volées d'oiseaux à chacun des frères. Rémus remarqua qu'une volée de six oiseaux se profilait à l'horizon et affirma les avoir vus en premier. Romulus, quant à lui, aperçut une volée de douze oiseaux.

Romulus pensait que puisqu'il avait vu le nombre le plus élevé et que le nombre douze était lié au nombre de dieux principaux dans le panthéon romain, il soutenait que la colline du Palatin était le bon choix. Remus, quant à lui, estimait que la colline de l'Aventin était le choix divin puisqu'il avait vu le troupeau de six oiseaux en premier.

Romulus avait construit un mur autour de sa colonie sans jamais s'engager pleinement dans un accord. Dans un accès de rage, Remus sauta par-dessus le mur pour rejoindre la colonie de son frère. Romulus et lui s'affrontèrent. Que ce soit par accident ou volontairement, Romulus tua Remus, commettant ainsi un fratricide. Il était évident que Romulus avait les faveurs des divinités.

Après la mort de Rémus, la colonie que Romulus avait construite fut appelée Rome en son honneur. La date de fondation de Rome est le 21 avril 753 avant notre ère, jour où Romulus s'est déclaré roi. Il fut le premier des sept rois de Rome avant l'avènement de l'Empire romain. Avec le nouveau royaume, il a recruté quelques bergers et les a invités à vivre à Rome avec lui. Cette invitation a donné lieu à un autre mythe : le viol des Sabines.

Le viol des Sabines

L'idée de fonder un nouveau royaume était excitante, mais elle avait un défaut majeur. Il n'y avait aucune femme dans le groupe que Romulus avait invité. L'absence de femmes signifiait qu'il était impossible d'envisager un quelconque avenir pour le royaume. Pour tenter d'élargir le pool génétique, la ville accepta des réfugiés et des exilés des royaumes environnants. Bien qu'il y ait eu quelques ajouts, ce n'était pas suffisant pour soutenir la population. Dans une tentative désespérée de résoudre le problème, il demanda aux royaumes voisins de donner aux Romains certaines de leurs femmes afin d'augmenter la population. Aucun d'entre eux n'accepta.

Les demandes des Romains sont parvenues au royaume des Sabins, gouverné par le roi Titus Tatius. Le roi interdit alors aux hommes romains de pénétrer dans ses murs. Les femmes n'ont pas le droit de prendre la main d'un Romain en mariage.

Romulus, cependant, élabore un plan. Sous prétexte d'organiser des jeux au nom de Neptune, Romulus et ses hommes ont planifié et accueilli les jeux à Rome, mais ils avaient une arrière-pensée. Romulus et le reste du Sénat acceptent d'inviter non seulement les Sabins, mais aussi d'autres villes et royaumes voisins.

Le jour des jeux arriva, amenant de nombreux visiteurs qui souhaitaient voir le nouveau royaume. Les jeux commencèrent. De nombreux spectateurs venus des pays voisins s'assirent et regardèrent les jeux se dérouler. Au signal de leur Romulus, les hommes commencèrent à enlever les Sabines. Leur tâche consistait également à combattre les pères et les frères des femmes.

Au total, 30 femmes ont été arrachées de force à leur foyer. La plupart d'entre elles étaient considérées comme vierges, à l'exception de la future épouse de Romulus, Hersilia, qui était déjà mariée. Une guerre se prépare sous la surface de cet enlèvement.

Après l'enlèvement des femmes, le roi Titus déclare la guerre aux Romains et fait marcher une armée jusqu'aux murs de la ville. Avec l'aide de Tarpea, une Romaine séduite par la richesse du roi Titus et la promesse de sécurité, ils ouvrent les portes de Rome. Malheureusement pour elle, elle fut écrasée par les boucliers des Sabins lorsqu'ils franchirent les portes.

La bataille pour les Sabines s'ensuivit. Dans un appel désespéré à cesser toute effusion de sang, les femmes enlevées acceptent de rester à Rome avec leurs familles, mais sans qu'il leur soit fait de mal. Le roi Titus accepte à contrecœur cette trêve temporaire. Romulus implore alors les femmes d'épouser les hommes de Rome.

L'audace de cet enlèvement a entraîné de nombreuses autres guerres entre les Romains et les Sabins, ainsi qu'avec d'autres royaumes voisins qui considéraient la ville de Rome en pleine expansion comme une menace. Au fil du temps, ces royaumes ont été conquis et ont fusionné avec Rome.

La mort de Romulus

La mort de Romulus est le dernier mythe. Au cours de ses dernières années, Romulus s'était constitué un vaste royaume et avait engendré les futurs rois et autres dirigeants de Rome. Au cours d'une violente tempête, Romulus disparut près du Tibre. L'hypothèse selon laquelle Romulus se serait alors transformé en dieu Quirinus a été largement répandue. On ne sait pas grand-chose de cette divinité, mais on suppose qu'elle était semblable à Mars.

Conclusion de la fondation de Rome

La fondation de Rome et les mythes qui l'entourent étaient largement acceptés et, en tant que tels, les Romains pensaient que la terre avait un lien profond avec les dieux. Énée était le résultat direct d'un accouplement entre Vénus et un homme mortel ; Romulus et Remus étaient le résultat d'un accouplement entre Mars et une femme mortelle. À l'époque, le lien était indéniable : Rome était le point culminant des deux principales divinités du panthéon romain. Rome était l'endroit où les dieux avaient prévu que leur peuple grandisse et prospère en Italie. Parce que les dieux ont favorisé cet endroit, le peuple de Rome s'est développé pendant des millénaires et à travers de nombreuses cultures européennes et certaines cultures asiatiques d'aujourd'hui.

Le poème épique de Virgile et les histoires de Romulus et Remus ont permis aux anciens Romains d'illustrer efficacement la manière dont les dieux façonnaient non seulement le présent par leurs décisions, mais aussi l'avenir. Vénus et Mars étaient tous deux responsables de l'un des plus grands empires que le monde ait jamais connu. Ils étaient les divinités dirigeantes de deux forces solides, naturelles et redoutables : l'amour et la guerre.

CHAPITRE 6 : JUPITER ET L'ABEILLE

Les chapitres suivants traiteront exclusivement des dieux du panthéon romain et de leurs histoires. Nombre de ces mythes peuvent avoir des équivalents grecs, car ils sont issus de la mythologie grecque et ont été adaptés aux systèmes de croyance et aux comportements des Romains. Si les panthéons grec et romain sont pour l'essentiel identiques, certaines divinités sont strictement romaines. Grâce à divers textes anciens, à des images et même au bouche à oreille, les mythes ont évolué et changé au fil du temps.

Jupiter et l'abeille est l'un des mythes les plus courants concernant Jupiter. C'est une histoire de vengeance et de douceur, qui rappelle à ceux qui l'ont entendue de se méfier de ce qu'ils souhaitent. Le mythe explique pourquoi l'abeille a besoin d'un dard et promet la mort si elle l'utilise.

La reine des abeilles et son miel

Une abeille est rentrée chez elle après avoir récolté du pollen. Prête pour une nuit de sommeil, elle a examiné sa ruche comme elle le faisait tous les soirs auparavant. Dès qu'elle est entrée dans sa ruche, elle a su que quelque chose n'allait pas. En inspectant de plus près, elle vit des traces de griffes dans le tissu même de sa ruche. Elle se rendit alors compte que son précieux miel avait été volé.

Chaque fois qu'elle produisait du miel, un mortel ou un animal venait la voler. Elle passait sa journée à réparer les dégâts laissés par la créature qui avait décidé de piller sa maison ce jour-là.

Cette petite abeille n'était pas la seule à avoir ce problème avec les créatures qui erraient dans la forêt. Entre les ours et les mortels, il n'y avait pas de répit pour elle. Les bourdonnements de leurs visages ne les empêcheraient pas de pénétrer dans sa ruche et d'en extraire le doux nectar. Elle avait besoin de quelque chose pour se défendre. Un dard à l'arrière, peut-être.

Satisfaite de son idée, elle pria souvent pour obtenir un dard, mais aucun des dieux ne répondit jamais. Ils étaient généralement trop occupés à se créer des ennuis entre eux, à se mêler des affaires des mortels, ou les deux. Les dieux ne se souciaient guère de ses problèmes. Il était temps de leur faire part de ses problèmes.

Le plaidoyer

La reine ne connaissait que l'endroit où se trouvait Jupiter. Elle prit donc un peu de son miel sucré et délectable et s'envola à sa recherche. Lorsqu'elle trouva Jupiter au ciel, elle bourdonna autour de lui jusqu'à ce qu'elle attire son attention.

Curieux, il lui demanda ce qu'elle voulait. Elle lui offrit alors le miel en cadeau. Jupiter prit gracieusement une petite noisette de miel sur son index et la goûta. Le dieu se délecta de sa douceur, une friandise inattendue provenant d'une source inattendue. Sachant qu'il s'agissait d'un échange, il demanda à la reine des abeilles ce qu'elle attendait de lui.

Tremblante de peur, la reine prend la parole d'une voix petite mais ferme. Elle expliqua à quel point elle était fatiguée des animaux et des humains qui détruisaient constamment sa ruche à la recherche de miel. Elle était constamment en train de réparer et de reconstruire, mais elle avait besoin de récolter le miel pour que ses propres enfants grandissent.

Elle demande une arme à Jupiter.

Amusé, il envisagea d'exaucer son souhait. Après tout, la douceur du miel attirerait toujours les voleurs et les destructions indésirables. Mais Jupiter, avide de nouveautés, demanda encore du miel, tant son goût était délectable.

En retour, la reine a demandé, plus précisément, un dard.

La colère de Jupiter

Lorsque la reine des abeilles, encore tremblante de peur mais gardant son sang-froid sous le regard attentif du dieu, demande un dard, le visage de Jupiter se déforme sous le choc, l'incrédulité et la colère. Il l'accuse d'utiliser l'arme pour piquer les dieux. Sa colère est à craindre, et les abeilles ne font pas exception.

L'abeille était effrayée, mais elle essaya d'expliquer la nécessité de sa protection, expliquant que son espèce ne piquait pas intentionnellement quelqu'un ou quelque chose. Cependant, Jupiter n'écoutait pas et l'abeille bourdonna aveuglément dans la direction opposée à celle de Jupiter, avant de tomber sur Junon, qui avait écouté pendant tout ce temps.

Jupiter donne le reste de son miel à Junon. Elle le regarde alors, avec une expression interrogative sur le visage. Son regard, autrefois brûlant de curiosité, se fondit dans le plaisir. Elle ne s'attendait pas à ce que le miel soit aussi bon.

Elle est d'accord avec Jupiter et la reine des abeilles : Le miel est un cadeau qu'il faut protéger. Elle presse son mari d'accéder à la demande de l'abeille et de doter chaque abeille d'un dard. Il exauça son souhait d'un geste de la main. Elle était maintenant parée du dard dont elle avait désespérément besoin.

Répercussions

Avant que l'abeille ne soit renvoyée, Jupiter dit que le prix d'un dard pour chaque abeille avait un coût. Si l'abeille devait l'utiliser, elle perdrait son dard et mourrait. Découragée, elle retourna sur terre tandis que les autres abeilles l'attendaient avec impatience.

La reine des abeilles n'a pas bien reçu la nouvelle. Elle se cacha dans sa ruche pendant deux jours, tandis que les autres abeilles montraient leurs dards les unes aux autres. Elle savait que les bruits de joie se termineraient par des bruits de haine.

À contrecœur, elle est sortie de sa ruche sous l'impulsion d'une autre abeille. Elle les informa toutes que ce don pouvait être une malédiction. Si elles utilisaient leurs dards, elles périraient. Le choix était soit de partager le miel, soit de le protéger en piquant l'agresseur et en mourant.

Les abeilles lui ont été fidèles et l'ont soutenue. Elles savaient qu'elle avait fait de son mieux et qu'elle avait leur intérêt à cœur. L'une des abeilles a donné l'impression d'espérer que l'accord ne durerait peut-être pas et qu'il finirait par tomber dans l'oubli.

Malheureusement, les espoirs des abeilles étaient vains. Aujourd'hui encore, si une abeille décide d'utiliser son dard pour se protéger, elle mourra.

Conclusion

Si la principale leçon de ce mythe est de "faire attention à ce que l'on souhaite", il explique également la capacité phénoménale de l'abeille à piquer les autres et à se sacrifier pour protéger sa ruche. Les Romains utilisaient les mythes et les légendes pour créer des leçons et des histoires basées sur leurs valeurs et leurs traits de caractère. Les Romains pouvaient être très impitoyables et violents tout en étant pleins d'amour pour leur pays, qu'ils protégeaient à tout prix, à l'instar de la reine des abeilles de ce mythe.

CHAPITRE 7 : LA RAISON DES CHANGEMENTS DE SAISON

Le mythe de Pluton et Proserpine est une histoire passionnante qui raconte le déchirement et la fureur d'une mère, un enlèvement et un mariage non désiré. Comme la plupart des mythes romains et grecs, ce mythe connaît plusieurs variantes, résultat de traductions et de récits oraux.

Certains mythes décrivent Cérès comme une mère surprotectrice, tandis que Pluton et Jupiter s'allient pour donner à Proserpina un sentiment de liberté. D'autres suggèrent que Cupidon, le dieu de l'amour, a tiré sur Pluton une flèche à pointe d'or, le faisant tomber amoureux de la première personne qu'il voyait. Quel que soit l'incident à l'origine du mythe, l'histoire reste essentiellement la même.

Cérès et Proserpine

Cérès, la déesse de l'agriculture, se rendait souvent en Sicile avec sa fille Proserpina. Les deux déesses marchaient souvent ensemble, les fleurs poussaient et les oiseaux chantaient dans leur sillage. Un cortège de jeunes filles suivait les deux déesses, riant et gambadant dans les collines verdoyantes parsemées de fleurs. Le paysage pittoresque était le favori de la déesse Ceres - il lui permettait de s'évader de la dure réalité de son rôle de dieu.

Jupiter était le père de Proserpina, mais elle était beaucoup plus proche de sa mère. Elle aimait le parfum des fleurs épanouies et la verdure des plantes qui l'entouraient. Comme sa mère, Proserpina se sentait à l'aise dans les bosquets et les champs de fleurs. Elle s'occupait des plantes avec beaucoup de douceur et de compassion. Nymphes et jeunes filles dansaient autour d'elle, profitant de l'insouciance de la terre.

Le sort de Pluton, la solution de Cupidon

Pluton cherchait désespérément une reine. Après de nombreux essais et erreurs pour trouver une déesse qui partagerait le trône avec lui, il était temps de changer d'approche. Cupidon, le dieu de l'amour, compatissait avec Pluton. Alors que Pluton errait dans le monde dans son sombre carrosse tiré par des chevaux noirs comme la nuit, Cupidon l'abattit d'une flèche d'or fabriquée par Vénus elle-même.

Son cœur débordait anormalement d'adoration pour une femme inconnue après qu'il eut entendu un bourdonnement mystique dans les arbres tout proches. Intrigué, il fit attendre ses chevaux sur le bord du chemin et entra dans la prairie. Son cœur explosa dans sa poitrine devant l'émerveillement qui s'offrait à lui. Il se tint dans l'ombre et attendit, observant simplement son nouvel amour. Il ne pouvait s'empêcher de penser que sa beauté et sa jeunesse allaient insuffler une nouvelle vie au royaume des morts.

Proserpina était assise avec quelques nymphes dans une prairie de fleurs épanouies ; les parfums d'orchidées et d'œillets flottaient dans l'air. Fatiguée par ses travaux d'entretien de la terre, elle cueillit une foule de fleurs et de tiges d'herbe. Elle les tressa pour confectionner une couronne florale pour sa mère, en fredonnant un air pour elle-même tout en travaillant.

Aide ! Laissez-moi partir !

Pluton ne pouvait plus contrôler ses pulsions. Il déplaça son poids et s'apprêta à la prendre dans ses bras. Des brindilles craquèrent sous ses pieds. Proserpina, d'une beauté saisissante, entendit le bruit subtil, mais avant qu'elle ne puisse bouger ou parler, elle se trouvait dans les bras d'un autre dieu. Elle le connaissait, mais n'arrivait pas à prononcer son nom. Au lieu de cela, elle cria, implorant quelqu'un de l'aider.

Les nymphes qui l'entouraient auparavant restèrent figées sur place. Elles savaient qui il était. Effrayées par les ténèbres et la raison de son apparition dans le monde des vivants, elles tremblèrent à sa vue et regardèrent avec horreur qu'il emportait Proserpina. Se rendant compte de leur erreur, ils s'élancèrent à la poursuite des immortels.

Le dieu la jette dans son attelage et éperonne les chevaux. Ses cris commencent à attirer l'attention des passants et des nymphes qui le suivent. Pour empêcher Cérès de lui ravir son prix, il fouette plus fort les chevaux.

Il finit par s'enfuir au bord de la rivière Cyane, mais la rivière connut l'intention de Pluton. Elle gonfle et s'acharne sur le dieu et ses chevaux, qui tentent en vain de traverser la rivière. La rivière étant trop puissante, il dut faire demi-tour. Il savait que Cérès tenterait de le retrouver s'il repartait dans l'autre sens. À un carrefour, il plongea son fidèle trident dans le sol, le fendant pour faire place à son entrée dans le monde souterrain.

Le dévouement d'une mère

Cérès revint de son travail dans la prairie où Proserpina aimait passer son temps. Elle avait dit un jour à Cérès que c'était l'endroit qu'elle préférait au monde, que rien n'était comparable au calme et à la paix de la prairie.

Lorsque Cérès apparut dans la prairie, prête à appeler sa fille à la maison, elle regarda fixement la place vide. Proserpina n'était pas là. Elle appela sa fille par son nom, mais elle ne répondit pas. À l'endroit où, à son insu, l'enlèvement avait eu lieu, il ne restait que des pétales éparpillés sur le sol.

Les fleurs enracinées à côté d'elle commencèrent à jaunir, puis devinrent d'un brun profond au fur et à mesure que les plantes mouraient. Les environs immédiats de Cérès commencèrent à se flétrir. Le noircissement des plantes se répandit autour d'elle comme une maladie. Les arbres laissèrent tomber leurs feuilles, comme s'ils baissaient la tête et portaient le deuil de Cérès.

Pendant plusieurs années, Cérès a parcouru la terre à la recherche de sa fille. Partout où elle passe, les plantes qui l'entourent subissent un sort terrible. Les humains étaient maintenant en pleine famine ; de nombreuses personnes mouraient par manque de nourriture. Les Enfers étaient occupés à accueillir les âmes affamées dans leurs royaumes respectifs.

Les conseils d'une nymphe

Cérès était revenue en Sicile après un nouveau voyage autour du monde. L'esprit brisé, elle pleure sur le dernier endroit où elle a vu sa précieuse fille. Une nymphe nommée Aréthuse avait vu la déesse pleurer et lui avait expliqué qu'elle avait vu Proserpina aux Enfers, non pas prisonnière, mais assise sur le trône à côté de Pluton. Non pas prisonnière, mais assise sur le trône à côté de Pluton.

Pour la première fois depuis de nombreuses années, une lueur d'espoir brille sur Cérès. Elle avait parcouru la terre dans une vaine tentative de trouver un indice qui l'aiderait à élucider la disparition de sa fille. Maintenant qu'elle connaissait le sort de sa fille, il était temps d'agir.

La déesse remercia Aréthuse pour son observation et demanda l'aide de Jupiter, son frère et le père de Proserpina. Il accepta de sauver la déesse à condition qu'elle n'ait rien consommé dans les Enfers. Si un mortel ou un dieu mangeait quoi que ce soit dans les Enfers, il n'était pas autorisé à en sortir. Les dieux étaient favorables à ce plan en raison de l'immense famine dont souffraient les humains, car cela signifiait qu'ils n'étaient pas en mesure d'offrir des sacrifices adéquats aux dieux.

Proserpina et la grenade

Jupiter envoie Mercure et Cérès au royaume des morts avec un message à délivrer. Les dieux implorent le retour de Proserpina dans l'autre monde, auprès de sa mère, là où elle doit être. Pluton répondit qu'il n'avait aucune intention malveillante derrière son enlèvement ; il voulait seulement l'aimer et lui faire plaisir. Cérès, elle, s'en moque éperdument. Elle voulait seulement retrouver sa fille.

Mercure informa Pluton des exigences de son retour ; Pluton avait juré qu'elle ne mangerait rien de son royaume. Lui et le reste du panthéon romain connaissaient les conséquences de la consommation d'aliments provenant des Enfers.

Pendant son séjour aux Enfers, Proserpina a appris à s'occuper des esprits d'Elysium. Elle avait désormais un sens de l'honneur et un but, ce dont elle se rendait compte qu'il lui manquait auparavant. Sa mère lui manquait, bien sûr, mais l'indépendance et la liberté lui permettaient d'expérimenter davantage ce que la vie avait à offrir.

Tout en écoutant l'échange, elle cueille une grenade sur l'arbre et en prend une bouchée. Le fruit était délicieusement sucré et mûr. Son jus coule sur son menton.

Pluton était enfin venu la chercher, mais il découvrit dans sa main un morceau de grenade. Cérès et Mercure suivirent et découvrirent la scène par eux-mêmes. Pluton jeta un coup d'œil à l'intérieur de la grenade et découvrit qu'il y avait six graines. Son compromis était que pendant six mois de l'année, un pour chaque pépin, elle resterait dans le monde souterrain, et pendant les six autres mois, elle retournerait dans le monde extérieur.

Cérès accepta les conditions ; elle n'était préoccupée que par le fait de retrouver sa fille auprès d'elle. Lorsqu'elle embrassa Proserpina pour la première fois depuis de nombreuses années, les dommages causés au feuillage de la terre s'inversèrent.

Le changement des saisons

Pendant les six mois où Proserpina était sur terre avec sa mère, le printemps et l'été étaient arrivés. Les fleurs s'épanouissaient et les arbres poussaient, apportant avec eux la promesse de récoltes pour les humains et les fréquents sacrifices aux dieux. Une nouvelle vie se présentait dans l'herbe et les arbres ; la renaissance du monde était en marche. Le monde retrouve son équilibre.

Lorsque Proserpina retourne aux Enfers, Cérès plonge dans une profonde dé-pression. Les récoltes se flétrissent et les arbres perdent leurs feuilles comme s'ils pleuraient à ses côtés. Cérès parcourut le monde, attendant de pouvoir revoir sa merveilleuse fille.

Conclusion

L'objectif principal du mythe était de rationaliser les changements de saison. Avant que les hommes ne comprennent pourquoi les saisons changent, il était courant d'inventer des histoires pour expliquer les phénomènes de l'univers. Ces histoires sont devenues des mythes très répandus, acceptés par les Romains. Ils croyaient que des dieux et des déesses se promenaient et veillaient sur eux.

CHAPITRE 8 : LE MYTHE DE JUPITER ET IO

Le mythe de Jupiter et Io est l'une des nombreuses histoires dans lesquelles Jupiter, roi des dieux, a été infidèle à sa femme Junon. La jalousie et la tromperie qui en résultent pour les personnages de ces mythes étaient quelque chose que les citoyens de la Rome antique pouvaient comprendre. On croyait que, même si les dieux étaient immortels, ils avaient leurs caprices et leurs défauts, tout comme les humains. Io, cependant, a réussi à s'échapper et à vivre une vie pleine et heureuse, contrairement à beaucoup d'autres qui ont été convoités par Jupiter.

Io, prêtresse de Junon

Io était la fille d'un des dieux mineurs du fleuve, Inachus, et était la prêtresse de Junon. Elle s'acquittait fidèlement de ses tâches quotidiennes, ce qui lui valait les faveurs de la déesse. Un jour, après avoir terminé son travail, elle fit une pause au bord d'une rivière et s'allongea sur la berge. C'était une chaude journée d'été et elle était épuisée par son travail. Elle appréciait le gargouillement de la rivière et le gazouillis des oiseaux à proximité.

Comme tous les amants de Jupiter, Io était belle, l'une des plus belles femmes de Rome. Elle n'échappe pas au regard de Jupiter et les ennuis ne tardent pas à arriver.

Jupiter, le nuage noir de l'infidélité

La première fois qu'il a vu Io, Jupiter était dissimulé dans un nuage sombre. Alors qu'il dérivait au-dessus du soleil, il regarda Io allongée sur la rive du fleuve, luisante de sueur à cause de la chaleur de la journée. Sa beauté était inconcevable. Immédiatement, il tomba dans la luxure. Il devait parler à cette déesse mortelle.

Il reprit sa forme mortelle et engagea la conversation avec Io. Il n'essaya pas de dissimuler son identité et commença l'échange en lui faisant la cour et en l'informant de son nom.

Io, à juste titre, était flattée. Il était rare qu'un dieu parle directement à un mortel, et encore plus rare qu'un dieu parle à une prêtresse qui n'est pas associée à son propre temple. Il était également le roi des dieux, et elle fut donc surprise de voir à quel point il s'avançait vers elle. Au bout d'un moment, elle voulut elle aussi être avec le roi.

Ils se sont mis d'accord pour se rencontrer régulièrement. Comme la prêtresse savait qu'elle allait à l'encontre des souhaits de la déesse qu'elle servait, elle veillait à ne rien révéler. Lors de leurs rencontres, Jupiter se déguisait en nuage noir.

Les soupçons de Juno

Junon n'est pas étrangère aux regards indiscrets de son mari. Ayant eu plus de liaisons qu'elle ne pouvait en compter, sa jalousie avait atteint des niveaux souvent incontrôlables.

Elle savait que son mari quittait leur palais tous les jours à la même heure et qu'il faisait profil bas dans un quartier de Rome, près de son temple. De plus en plus méfiante, elle décide un jour de le suivre et de le prendre en flagrant délit.

Jupiter est conscient de la jalousie de sa femme. Comme les rencontres avec Io devenaient de plus en plus fréquentes et qu'il passait de plus en plus de temps loin de chez lui, il trouva une solution astucieuse. Il savait que sa femme essaierait de le prendre sur le fait. Il la surveillait donc de près. Un jour, Jupiter vit que sa femme était en route. Avec l'accord de son amant, il transforma Io en une vache blanche qui broutait au bord de la rivière. Il voulait ainsi protéger Io de la colère de Junon.

Le sombre nuage de Jupiter planait sur la vache qui broutait lorsque Junon arriva. Junon, cependant, n'était pas dupe. Après avoir fait des remarques sur la beauté et le caractère unique de la vache, elle demanda à Jupiter de lui en faire cadeau. Cette vache était étrangement soignée par Jupiter, et elle avait une idée de la raison de cet état de fait.

Jupiter savait qu'il ne pouvait pas refuser de lui donner la prêtresse devenue vache. Afin de cacher son infidélité et son amant, il accepta de lui donner la vache. Sachant qu'il était vaincu pour l'instant et que son secret était toujours en sécurité, il partit et retourna au palais.

Junon a maintenant le dessus. Elle envoie la vache avec son fidèle serviteur Argus, qui a 100 yeux. Les yeux se fermaient rarement d'un seul coup ; elle savait qu'Argus empêcherait toute tentative d'évasion. Comme Argus surveillait constamment la vache, Junon pensait que l'affaire était terminée.

Mercure et Argus : Les nombreuses histoires de l'ennui

Lorsque Jupiter découvrit ce que Junon avait fait à son amante, il fut désemparé. Il se sentait coupable d'avoir maintenu Io sous cette forme pour l'éternité. Après tout, ce n'était pas sa faute s'il était venu lui faire des promesses qu'il ne pourrait jamais tenir. Pris de remords, Jupiter demanda l'aide de son fils Mercure. Celui-ci écouta son récit et décida d'aider son père à libérer la prêtresse.

Mercure s'approcha d'Argus et s'assit avec le serviteur. Argus, qui ne recevait pas beaucoup de visiteurs, accueillit d'abord le dieu. Mercure raconta des intrigues, essayant de retenir l'attention de la créature. Sa langue d'argent racontait de nombreuses histoires, et il s'égarait et divaguait sur les affaires des dieux et des mortels. Tandis qu'il racontait des ragots et des histoires sans intérêt ni sens à Argus, la créature s'endormit.

Il tue la bête endormie et libère Io, encore métamorphosée en vache. Désormais libre, elle se promène dans la campagne, attendant que Jupiter lui redonne sa forme mortelle.

Le vœu de Jupiter

Lorsque Junon découvrit la trahison de Mercure et de Jupiter, sa colère se déchaîna. Dans sa misère et en guise de punition, elle libéra une mouche du coche qui piqua la prêtresse pour le reste de l'éternité. Pour honorer sa servante déchue, elle fusionna son oiseau le plus cher avec les nombreux yeux d'Argus. Il en résulta un oiseau magnifiquement orné, connu aujourd'hui sous le nom de paon, dont le regard est toujours vigilant

Io fuyait la mouche aussi vite qu'elle le pouvait, mais la mouche du coche parvenait toujours à la piquer douloureusement. Les piqûres ne la soulageaient jamais ; la mouche du coche la retrouvait toujours, même si elle se cachait.

Jupiter, pris de remords parce que c'est Io qui a été punie à sa place, fait un vœu à Junon. Si elle laissait partir la prêtresse, il ne la poursuivrait jamais pour le reste de sa vie. Il laisserait Io en paix.

Junon relâcha son contrôle sur la mouche du coche, qui laissa Io tranquille et s'envola. Soulagé que Junon ait tenu sa parole, il libéra Io de l'emprisonnement dans le corps d'une vache. Finalement, Jupiter respecta son vœu et ne la revit plus jamais.

Io, la première déesse égyptienne

Io est reconnaissante de pouvoir à nouveau vivre dans son propre corps. Elle ne voulait plus être avec Jupiter ; il ne valait pas le prix de sa vie ni la colère de sa femme. Elle rassembla ses affaires et quitta Rome, à la recherche d'un nouvel endroit où s'installer.

L'ancienne prêtresse a trouvé sa nouvelle patrie en Égypte. Pendant son séjour, elle attira l'attention du roi d'Égypte et devint son épouse. Elle passa le reste de ses jours dans le luxe, loin du chaos qui régnait à Rome. Lorsqu'elle mourut, elle monta au ciel et devint la première déesse d'Égypte.

Conclusion

La fin de ce mythe est une résolution tranquille avec une fin heureuse pour la prêtresse. Contrairement à la plupart des autres amants de Jupiter, elle s'est retrouvée mieux lotie qu'elle ne l'était lorsqu'elle vivait à Rome. La leçon à tirer de ce mythe est qu'il ne faut pas se jeter tête baissée dans la luxure. Io et Jupiter ont illustré le fait que si quelqu'un a une relation amoureuse avec une autre personne, il ne faut pas s'en mêler. Quelqu'un risque d'être blessé. Jupiter peut s'en tirer avec les nombreux amants des mythes, mais la réalité est bien plus désastreuse.

CHAPITRE 9 : BACCHUS ET ARIANE

L'amour était l'une des forces les plus puissantes du panthéon romain. Avec Vénus comme divinité principale et des racines directement liées à la fondation de Rome, l'amour sous toutes ses formes était un pouvoir universel. Rome a connu un passé violent, tant sur le plan historique que mythologique, mais les Romains étaient également connus pour leur penchant pour la romance.

Le mythe de Bacchus et Ariane est plein de trahisons et de l'inévitabilité de l'amour. L'amour est venu d'une source inattendue, mais le résultat a été une union éternelle.

Bacchus et les pirates

Bacchus était le dieu du vin, mais, comme tous les dieux, il pouvait se métamorphoser. Il pouvait notamment faire pousser des vignes chargées de raisins et des vergers de fruits mûrs sur un coup de tête.

Bacchus parcourait souvent le monde sous diverses formes, et ce jour-là, il voulait prendre la forme d'un jeune et riche humain pour interagir avec les gens du coin. Il aimait faire la fête avec les mortels, leur offrant souvent du vin et du bon temps. Cette fois-ci, il portait des bijoux ornés de métaux précieux et de pierreries.

Des pirates l'avaient repéré de loin et l'avaient kidnappé. Ils le bâillonnent et lui lient les mains et les pieds. Bacchus entendit leur projet de le cacher pour obtenir une rançon alors qu'ils l'attachaient au mât de leur navire. Alors qu'ils s'éloignaient, Bacchus commença à élaborer son propre plan.

Lorsque la nuit est tombée et que les eaux sont devenues profondes, Bacchus a libéré des lianes des profondeurs de l'océan. Elles s'enchevêtrèrent dans le navire et étranglèrent de nombreux hommes. Bacchus se transforma en lion, griffant et mordant ceux qui l'avaient kidnappé. Les autres pirates se jetèrent par-dessus bord pour tenter d'échapper à la destruction.

N'ayant plus personne sur le bateau, Bacchus se dirigea vers l'île de Naxos, où l'attendait sa future maîtresse.

Ariane et la trahison

Ariane, la fille du roi Minos, était autrefois l'amante de Thésée, le tueur du Minotaure. Elle l'avait aidé, alors qu'il trahissait son père, à se repérer dans le Labyrinthe en lui donnant une pelote de ficelle. Après avoir tué le Minotaure, il se rendit sur l'île de Naxos pour célébrer sa victoire.

Dans sa hâte de partir pour une nouvelle aventure, il avait laissé sa bien-aimée Ariane sur l'île, où elle attendait souvent sur le rivage, anxieuse de son retour. On s'est demandé si cet abandon était dû à un acte d'un dieu tel que Minerve ou s'il avait des doutes sur le fait d'amener une princesse crétoise à devenir la reine d'Athènes. Ses motivations auraient pu être une combinaison des deux.

Il s'était sûrement rendu compte qu'il l'avait quittée. *Il reviendrait bientôt*, pensa-t-elle. Des mois passèrent avant qu'elle ne se rende compte qu'il ne reviendrait pas pour elle. Elle désirait ardemment quitter l'île et attendait patiemment sa chance de s'échapper.

L'ancienne Belle au bois dormant

Bacchus a fait amarrer le bateau sur l'île une fois qu'il a débarqué. Au cours de ses pérégrinations sur l'île, il offrait du vin aux habitants et se faisait suivre par une bande de joyeux lurons partout où il allait. Il était redevenu le jeune homme riche qu'il était sur le chemin de l'île. Lui et sa bande de recrues paradaient autour de l'île à la recherche de quelque chose à faire.

Il trouva Ariane endormie près du rivage, les vagues embrassant doucement la terre à côté d'elle. Elle était étendue là depuis un bon moment ; ses vêtements étaient sales comme si elle n'avait pas bougé. Bacchus, comme si Cupidon avait lancé une flèche et l'avait touché, tomba instantanément amoureux d'elle. Il attendit près d'elle qu'elle reprenne conscience.

Ariane se réveille et découvre que le dieu du vin plane au-dessus d'elle. Hébétée, elle se met lentement debout avec l'aide de Bacchus. Elle lui expliqua son chagrin d'amour et la trahison de son précédent amour, qui l'avait laissée seule sur l'île.

Bacchus, en colère contre Thésée mais reconnaissant qu'il l'ait quittée, lui demande de l'épouser. Il lui promet de ne jamais l'abandonner comme l'avait fait son précédent amour, et de lui rester fidèle.

Elle contemple sa tenue et sa beauté d'un autre monde. Elle accepta de l'épouser et Jupiter décida de lui accorder l'immortalité. En ce qui concerne les cadeaux offerts à la nouvelle mariée et déesse, Vénus lui avait confectionné une couronne pour célébrer l'occasion, qui devint ensuite une constellation appelée Corona.

Ariane et Bacchus ont ensuite eu plusieurs enfants ensemble, ce qui a donné une fin heureuse à l'histoire.

Une variation sombre

Dans certaines variantes des mythes, on croyait que Bacchus lui-même avait suggéré à Thésée d'abandonner son amour. Écoutant le dieu, il laissa Ariane sur l'île.

Dans son chagrin, elle s'était pendue et avait été envoyée aux Enfers pour y subir son sort dans les champs de deuil. Cependant, Bacchus l'a sauvée de ce destin, l'a ressuscitée et l'a épousée.

Immortalisation de leur amour

À la Renaissance, un peintre du nom de Titius a peint la scène de la rencontre entre Bacchus et Ariane. Dans cette scène, le char de Bacchus est tiré par deux guépards et il demande Ariane en mariage. Lorsqu'elle accepta, elle devint une partie de la Constellation du Nord.

Conclusion

Même si la majeure partie de la mythologie et de la culture romaines tournait autour de la fascination de la mort, il y avait de temps en temps une pause dans le chaos et une belle histoire d'amour émergeait. Dans le conte de Bacchus et Ariane, l'amour éternel était un sommet de romantisme qui n'impliquait pas souvent beaucoup de violence. Il donnait l'espoir de trouver un nouvel amour après avoir été abandonné, un thème qui perdure encore aujourd'hui.

CHAPITRE 10 : PLUTON ET LE STYX

Dernier chapitre du livre, il se termine par l'explication de la dernière étape de la vie : la mort. Pluton, dieu de la mort et roi du royaume, joue un rôle majeur dans les rituels de l'au-delà.

Pluton est un dieu mineur dans le monde du panthéon romain. Les quelques mythes qui tournent autour de lui sont peu nombreux. En tant que roi des Enfers, il inspirait le respect, la crainte et l'admiration des Romains.

On ne sait pas grand-chose sur la véritable origine du mythe qui tournait autour du Styx. Cependant, la fable présentée dans ce chapitre est directement liée aux coutumes et procédures observées après la mort des citoyens de Rome.

Pluton et le monde souterrain

Après que lui, Jupiter et Neptune eurent renversé leur père Saturne, Pluton fut chargé de régner sur les morts. Vêtu de la noirceur des Enfers, il régnait à la fois avec équité et cruauté. Comme tous les dieux du panthéon romain, il était respecté et craint par les âmes mortelles sur lesquelles il régnait. Pluton était le roi de l'ensemble des terres situées sous la terre. Alors que la plupart des autres dieux occupaient des postes prestigieux, le seigneur des morts occupait l'un des postes les plus critiques.

Les Romains pensaient que la vie qu'ils menaient était liée au type de traitement qu'ils recevraient dans la mort. Les plus honorables recevaient la paix, les plus horribles la torture éternelle. Les Enfers comportaient au moins quatre niveaux différents : le Tartare, les champs de deuil, les prairies d'asphodèles et les champs d'Elysium.

Tartare

Le Tartare, le plus connu des Enfers, est une immense fosse des Enfers qui abrite et torture les êtres les plus méprisables de la vie. Leurs châtiments étaient à la mesure de leurs crimes dans le monde des vivants. Les cris d'agonie continus et à glacer le sang étaient l'une des caractéristiques les plus remarquables, outre le fait qu'il s'agissait de la fosse la plus massive de l'existence des fables romaines.

Les champs de deuil

Les champs de deuil étaient réservés à ceux qui dépérissaient dans le chagrin d'amour. Ils erraient sans but dans les brouillards de fumée à travers les champs. Ceux dont le chagrin était si fort qu'ils ne pouvaient jamais oublier la cause de leur souffrance éternelle résidaient ici. Par exemple, Virgile a placé Didon, l'amante d'Énée, à ce niveau.

Les prairies d'asphodèle

On ne sait pas grand-chose des prairies ; on pense qu'elles abritent des âmes qui n'ont commis ni exploits extraordinaires ni atrocités. Les prairies étaient réservées à ceux qui étaient ordinaires et vivaient des vies neutres et insignifiantes. Les âmes s'éteignent ou attendent leur retour pour se réincarner sur terre.

Les champs d'Elysium

Les Champs d'Elysium étaient réservés aux meilleurs des meilleurs. Ce sont les âmes des mortels exceptionnels qui ont gagné le droit d'avoir une vie exempte de maux et de douleurs. Le père d'Énée y fut placé par les trois juges à son arrivée aux Enfers.

Charon et le Styx

Pour traverser le Styx, ou fleuve des morts, il faut payer un droit de passage à la mort. Il incombait aux proches du défunt de s'assurer que le péage était payé. Lors des funérailles et du rituel, une pièce d'or était placée sous la langue ou sur les paupières fermées du défunt. Ceux qui n'avaient pas les moyens de payer le péage étaient destinés à errer entre les deux mondes, sans jamais appartenir à l'un ou à l'autre.

À la mort, l'âme du mortel était accueillie par Mercure, qui la conduisait au Styx. Le passeur, Charon, les attend ; ils paient le péage s'ils le peuvent et montent en rampant sur le bac.

Cerbère

Après la longue traversée du fleuve en ferry, l'âme débarque pour trouver le gardien des Enfers. Cerbère était un redoutable chien à trois têtes qui gardait les portes de l'entrée des Enfers. Tous ceux qui franchissaient les portes étaient autorisés à rester. En revanche, personne n'avait le droit d'en sortir. Son travail consistait à s'assurer que personne ne quittait les Enfers, à quelques exceptions près, dont Énée.

Les trois juges

Pluton était peut-être le roi, mais il déléguait à trois juges la tâche quotidienne de déterminer où placer les mortels. Ces trois juges étaient Rhadamanthe, fils de Jupiter et d'Europe, Minos, l'un des frères de Rhadamanthe, et Aeacus, fils de Jupiter et d'Égine. Les juges pesaient la vie de chaque âme mortelle et la plaçaient dans la zone appropriée.

Conclusion

Les croyances entourant les traditions funéraires des Romains et des Grecs et l'endroit où leurs âmes finissaient constituent une façon intéressante d'envisager la relation entre la mort et la vie qu'une personne a vécue. Certains rituels étaient similaires à ceux d'aujourd'hui, la croyance en une vie après la mort étant un concept universel, tant dans le passé que dans le présent.

Quel que soit le temps écoulé, le panthéon romain, avec ses fables, ses mythes et ses légendes, continue de captiver et d'inspirer les contemporains. Si les mythes eux-mêmes étaient divertissants, chacun d'entre eux comportait au moins un thème et une leçon à retenir. Les légendes ont été transmises de génération en génération grâce aux poèmes épiques d'Homère, auteur de l'*Iliade* et de l'*Odyssée*, et de Virgile. À l'époque moderne, ces mythes ont inspiré de nombreux films, émissions de télévision et livres.

J'espère que vous avez apprécié de découvrir le monde fascinant de la mythologie romaine ! Je vous invite à jeter un coup d'œil à mes autres livres sur Amazon qui couvrent les mythologies de plusieurs cultures anciennes différentes, à savoir grecque, nordique, celtique et égyptienne.

www.ingramcontent.com/pod-product-compliance
Lightning Source LLC
Chambersburg PA
CBHW070809120626
46557CB00002B/777